Inhalt

Online Analytical Processing (OLAP) für die Produktion

Kernthesen

Beitrag

Fallbeispiele

Weiterführende Literatur

Impressum

Online Analytical Processing (OLAP) für die Produktion

I.Zeilhofer-Ficker

Kernthesen

- Der zeitnahe Zugriff auf und die Auswertung von relevanten Prozessdaten gewinnt in der Produktion stetig an Bedeutung.
- Dabei sind die vorhandenen Daten je nach Aufgabe von unterschiedlichen Blickwinkeln aus zu betrachten.
- Eine effiziente Möglichkeit für die multidimensionale Datenanalyse ist das OLAP-Verfahren auf der Datengrundlage eines Data Warehouses.
- Eine verbesserte Zugriffsgeschwindigkeit

erwartet man sich von der Nutzung der Associative Query Logic (AQL) sowie vom neuen Datenformat pdi (portable database image).

Beitrag

Prozessdatenanalyse - hilfreich für verschiedenste Aufgabenstellungen

Qualitätssicherung

Die Auswertung von Produktionsprozessdaten ist für die Qualitätsüberwachung und -sicherung unabdingbar. Messdaten sind zu kontrollieren, Ausschussraten zu beobachten, Reklamationen zu überprüfen. Der Fokus wird dabei auf die Leistung einer Maschine, eines Prozesses oder von Einzelprodukten liegen. Bei Reklamationen oder hohen Ausschussraten wird man eventuell zusätzlich die Daten von Zulieferteilen oder Rohmaterialien mit einbeziehen müssen. (1), (2)

Kostenaspekte

Auch für die Produktionsplanung und Fertigungsleitung sind diese Daten von Interesse. Vom Effizienzstandpunkt aus ist festzustellen, ob sich die Maschinenleistung sowie die Rüst- und Instandhaltungszeiten innerhalb gegebener Toleranzen bewegen oder ob Reparatur- oder Erneuerungsmaßnahmen zu ergreifen sind. Für die Produktion sind ebenso die Personaldaten, Kosten, Krankenstand, Schichtbesetzung usw. wichtig und müssen ausgewertet werden. (3)

Zur Kostenkalkulation von neuen Produkten oder Aufträgen sind Personal- und Maschinenkosten in Relation zu setzen sowie Fixkostenanteile zu verteilen. Dasselbe gilt für die Nachkalkulation von ausgeführten Aufträgen. Für das Controlling ist es wichtig festzustellen, wie groß der Anteil von einzelnen Produkten, Maschinen oder Bereichen zum Gesamtergebnis eines Betriebes oder eines ganzen Unternehmens ist. (4)

Über Wahrscheinlichkeitsrechnungen lässt sich abschätzen, welche Verbesserungsmaßnahmen die größten Erfolge versprechen und für Produktneuentwicklungen wird oft auf bestehende Prozess- und Kostendaten zurückgegriffen. (3)

Basis für Managemententscheidungen

Viele dieser Daten, allerdings anders aufbereitet und verdichtet, sind wichtig für die Management-Entscheidung über geplante Investitionen oder Personalstandsänderungen. Hier sind natürlich zusätzlich die generelle Auftragslage sowie Verkaufsprognosen und Absatztrends sowie viele weitere Informationen in Betracht zu ziehen. (5)

Datenspeicherung und Analyse

Damit Entscheidungen fundiert und richtig getroffen werden können, kann auf eine zentrale Datenspeicherung heute kaum verzichtet werden. Obwohl zentrale "Data Warehouses" schon seit Jahren auf dem Markt sind, ist die technische Lösung des Vorhaltens aller Geschäftsdaten in einer zentralen Datenbank schon aufgrund der enormen Datenmenge oft ein Problem. In einigen Unternehmen sind mittlerweile einige Hundert Terabyte von Daten zu verarbeiten, die häufig aus unterschiedlichsten Systemen in verschiedensten Datenformaten zur Verfügung stehen. (6)

Unter dem Schlagwort "Business Intelligence" sind hier eine Reihe von Lösungen auf dem Markt, die neben der konsistenten, zentralen Datenspeicherung auch verschiedene Möglichkeiten der Datenanalyse bieten. In den Data Warehouses werden die Daten in einer relationalen Datenstruktur gespeichert und für Abfragen zur Verfügung gestellt. (2), (6)

In der Praxis sieht man häufig eine andere Situation. Die verschiedenen Bereiche haben ihre eigenen Systeme und Datenbanken mit entsprechend spezifizierten Reporting-Funktionen. Oder es werden Daten sogar manuell eingegeben und über Excel-Spreadsheets verarbeitet. Das Resultat ist nicht selten, dass in den diversen Bereichen und Abteilungen völlig verschiedene Ergebnisse auf die gleiche Fragestellung präsentiert werden. Ein zentrales Data Warehouse stellt sicher, dass alle Abteilungen die gleichen, aktuellen Daten zur Verfügung haben. (2), (7)

Die Analyse der zentral vorgehaltenen Daten ist das nächste Problem. Wie oben beschrieben, ändert sich der "Blickwinkel" auf die Daten mit der entsprechenden Aufgabenstellung. Standardreports helfen also kaum weiter. Die Lösung besteht in der

Möglichkeit, individuelle Abfragen zu formulieren und entsprechende Auswertungen in der gewünschten Verdichtung und Korrelation zu erhalten. Dies ist mithilfe des Online Analytical Processing - OLAP - möglich. (3)

Die Vorteile von OLAP

Unvorstellbar große Datenmengen sind in vielen Data Warehouses gespeichert. Entsprechend lange dauert oft die Verarbeitung einer Abfrage, da die relevanten Daten in den diversen Datenschichten, den Data Marts, gefunden und verarbeitet werden müssen. Diese Abfragen in der relationalen Datenbank ohne Zwischenspeicherung werden auch ROLAP genannt. Wirkliche multidimensionale Analysen sind nur mit sehr großem Zeitaufwand möglich. Die zu langsame Abfragegeschwindigkeit hat sich in einer Nutzerbefragung aber als größtes Problem für die Akzeptanz von OLAP-Projekten herausgestellt. Denn wie Untersuchungen zeigen, denken die meisten Nutzer, eine Abfrage sei fehlgeschlagen, wenn das Resultat nicht nach spätestens 30 Sekunden am Bildschirm erscheint. (8), (9), (www.olapreport.com/fasmi.htm)

Das MOLAP genannte Verfahren bildet mit den

benötigten Daten sogenannte OLAP-Würfel, d. h. die Daten werden in eine spezielle Datenstruktur geladen bzw. aufbereitet. Diese Zwischenspeicherung der Daten verbessert die Leistung in Bezug auf die Zugriffszeit ganz wesentlich. (8)

Der entscheidende Vorteil von OLAP sind die Möglichkeit zur multidimensionalen Analyse, also die Auswertung von Daten von verschiedenen Blickwinkeln, in verschiedenen Relationen und Verdichtungen. Es werden also nicht nur zwei Parameter zueinander in Beziehung gesetzt, sondern es können bis zu 10 verschiedene Dimensionen berücksichtigt werden. (3), (www.olapreport.com/fasmi.htm)

Dazu kommt die Schnelligkeit der Datenanalyse sowie die verschiedenen Formen der Auswertungsdarstellung. Wichtigste Aufgabe von OLAP-Analysen ist, für jeden Anwender die aktuellen Geschäftsdaten so aufzubereiten, dass eine entscheidungsorientierte Auswertung jederzeit möglich ist. Für entscheidungsrelevante Informationen muss sichergestellt sein, dass "online" auf sie zugegriffen werden kann, d. h. dass wirklich aktuelle Daten verarbeitet werden. (3)

Fallbeispiele

Eine ganze Reihe von Software-Unternehmen haben OLAP-Produkte in ihrem Portfolio. Dazu gehören die Firmen Pro Clarity, MIK, Applix, Cognos, Hyperion, Business Objects, Information Builders, arcplan, Axus, OulookSoft, SAS, CPM Corporate Planning, SAP und Microsoft. Bei den Anwendern am beliebtesten sind die Business Intelligence Produkte von Microstrategy. Vor allem für den Mittelstand passend hat sich die DecisionWare der Firma MIS herausgestellt. (5), (12), (13), (14), (15), (16)

Bei den Cubeware Tagen im September stellt der OLAP-Spezialist Cubeware jedes Jahr die neuesten Entwicklungen der Datenanalysesoftware vor. (17)

Der Anbieter QlikTech hat das Werkzeug QlikView auf der Basis der AQL-Technologie entwickelt. Abfragen auf Standardsystemen von SAP, Oracle, Access oder Excel sind damit problemlos auch ohne Data Warehouse möglich. (5), (10)

Die Firma Panoratio nutzt das pdi-Datenformat für die Auswertung von verschiedensten Prozessdaten. Über eine speziell dafür entwickelte Oberfläche können riesige Datenmengen in Sekundenschnelle analysiert werden. (11)

Weiterführende Literatur

(1) Zugriff erfolgt online Prozessdaten-Management: Anwendungen und Analysen an jedem Ort möglich
aus INDUSTRIE SERVICE, Heft 1/2, 2005, S. 40

(2) Management von Prozess- und Produktdaten Ein oftmals ungelöstes Problem
aus Quality Engineering, Heft 9, 2004, S. 10

(3) Was passiert in der Prozesskette?
aus Automobil Industrie Nr. 03 vom 03.03.2005 Seite 022

(4) Broda, Björn / Frey, Jan, Data-Warehouse gestützte Werttreiberanalyse, Controlling, Heft 2/2005, S. 117 - 124
aus Automobil Industrie Nr. 03 vom 03.03.2005 Seite 022

(5) Anbieterbefragung zur 12. BARC-Tagung "Business Intelligence" - OLAP - immmer erste Wahl?
aus is report, Heft 10/2004, S. 12-19

(6) Bange, Carsten / Keller, Patrick, Ein weiter Weg zur Business Intelligence, Computerwoche, 18.02.2005, Nr. 7, S. 18 - 19
aus is report, Heft 10/2004, S. 12-19

(7) Wettbewerbsvorteil durch automatisierte Kreditentscheidung
aus RATING aktuell, Heft 05/2004, S. 28-30

(8) "Ein OLAP-Projekt ist heute kein obskures Experiment mehr" - Business Intelligence in der Anwenderwirklichkeit
aus is report, Heft 12/2004, S. 12-17

(9) Multidimensionale Abfrage-Produkte auf Basis relationaler Datenbanken schneiden beim Olap Survey 4 schlecht ab Menschen verursachen die meisten Probleme
aus Computer Zeitung, Heft 6, 2005, S. 9

(10) Breite Basis in der Datenbank
aus Entsorga Magazin 11-12 vom 29.11.2004 Seite 039

(11) Neuartiges Datenanalyseverfahren macht Produktionsprozesse bei Halbleitern sichtbar Revolutionäre Software Siegfried König, Panoratio Database Images, München
aus EPP Elektronik Produktion & Prüftechnik, Heft 2, 2005, S. 43

(12) O. V., Business Intelligence - Olap-Ranking, Computerwoche, 04.03.2005, Nr. 9, S. 50
aus EPP Elektronik Produktion & Prüftechnik, Heft 2, 2005, S. 43

(13) Bei harten Kriterien sind die Effekte gering Microstrategy bindet mehr ein
aus Computer Zeitung, Heft 6, 2005, S. 9

(14) Zielgruppe Mittelstand
aus FINANCE - Der Markt für Unternehmen und

Finanzen Heft 3 vom 25.02.2005, Seite 080

(15) Portal erleichtert den Einstieg
aus Computer Zeitung, Heft 52, 2004, S. 14

(16) Strategische Planung in Multi-User-Umgebung -
Strategie mit neuem Tool-Release
aus is report, Heft 12/2004, S. 8

(17) Ein echter Wirtschaftsförderer Standort
Deutschland
aus Impulse vom 01.01.2005, Seite 8

Impressum

Online Analytical Processing (OLAP) für die Produktion

Bibliografische Information der deutschen Nationalbibliothek

Die Deutsche Nationalbibliothek verzeichnet diese Publikation in der deutschen Nationalbibliografie; detaillierte bibliografische Daten sind im Internet über http://dnb.d-nb.de abrufbar.

ISBN: 978-3-7379-1045-3

© 2015 GBI-Genios Deutsche Wirtschaftsdatenbank GmbH, Freischützstraße 96, 81927 München, www.genios.de

Alle Rechte vorbehalten. Dieses Werk ist einschließlich aller seiner Teile – z.B. Texte, Tabellen und Grafiken - urheberrechtlich geschützt. Jede Verwertung außerhalb der Grenzen des Urheberrechtsgesetzes bedarf der vorherigen Zustimmung des Verlags. Dies gilt insbesondere auch für auszugsweise Nachdrucke, fotomechanische Vervielfältigungen (Fotokopie/Mikroskopie), Übersetzungen, Auswertungen durch Datenbanken oder ähnliche Einrichtungen und die Einspeicherung und Verarbeitung in elektronischen Systemen.